Mosaik bei
GOLDMANN

Buch

In Japan ist es seit über 15 Jahren bekannt und beliebt, die Briten haben es längst für sich entdeckt und nun schlägt es auch Deutschland in seinen Bann – Sudoku.

Aber was ist dieses Sudoku überhaupt? Zu Deutsch bedeutet es so viel wie die Ziffer (su), die alleine steht (doku), und mit seinem Gitterfeld aus 9 x 9 Kästchen ist dieses Zahlenrätsel die größte Herausforderung seit dem Zauberwürfel. Man muss kein Zahlenfreak oder Mathematikgenie sein, um ein Sudoku zu lösen, denn allein logisches Denken und ein bisschen Geduld führen zum Erfolg.

Neben 78 Sudokus in verschiedenen Schwierigkeitsstufen enthält dieses Rätselbuch 24 weitere japanische Zahlenrätsel, mit denen Sie Ihre Konzentrationsfähigkeit und Ihr logisches Denken mit viel Spaß trainieren können – alles, was Sie dazu brauchen, ist ein Bleistift!

Von Yukio Suzuki außerdem bei Mosaik bei Goldmann

Sudoku für Anfänger (16815)

Yukio Suzuki

Sudoku

und andere japanische
Zahlenpuzzles

Mosaik bei
GOLDMANN

FSC
Mix
Produktgruppe aus vorbildlich bewirtschafteten Wäldern und anderen kontrollierten Herkünften
Zert.-Nr. SGS-COC-1940
www.fsc.org
© 1996 Forest Stewardship Council

Verlagsgruppe Random House FSC-DEU-0100
Das FSC-zertifizierte Papier *Munken Print* für Taschenbücher aus dem Goldmann Verlag liefert Arctic Paper Munkedals AB, Schweden.

4. Auflage
Deutsche Erstausgabe, August 2005

Originaltitel: Su Doku and Other Japanese Puzzles
Originalverlag: Arcturus Publishing Ltd.
Umschlaggestaltung: Design Team München
Satz: Uhl + Massopust, Aalen
Druck und Bindung: GGP Media GmbH, Pößneck
WR · Herstellung: Han
Printed in Germany
ISBN-10: 3-442-16795-7
ISBN-13: 978-3-442-16795-1

www.goldmann-verlag.de

INHALT

ANLEITUNG

Dieses Buch enthält eine Auswahl japanischer Zahlenrätsel, mit denen Sie logisches Denken trainieren können. Die Rätsel sind in drei Schwierigkeitsstufen unterteilt (harmlos, knifflig, extrem) und je weiter Sie im Buch voranrätseln, umso größer wird die Herausforderung.

SUDOKU

Das bekannteste japanische Rätsel ist Sudoku, das auch in Großbritannien äußerst beliebt ist. Das Prinzip des Rätsels ist einfach: Tragen Sie in jedes freie Feld des Rastergitters eine der Ziffern von 1 bis 9 ein, sodass jede Ziffer nur ein Mal in jeder Reihe, in jeder Spalte und in jedem Block von 3 x 3 Feldern erscheint. Dieses Rätsel hat nichts mit Raten oder Mathematik zu tun, sondern ausschließlich mit Logik.

HASHIWOKAKERO

Jeder Kreis in diesem Rätsel stellt eine Insel dar. Aufgabe ist es, die Inseln mit horizontalen oder vertikalen Linien (Brücken) so zu verbinden, dass am Ende ein zusammenhängender Pfad entsteht, der alle Inseln erreicht. Die Zahl im Inneren der Insel entspricht der Anzahl ihrer Brücken. Zwischen zwei Inseln können jeweils bis zu zwei Brücken bestehen, die jedoch keine Inseln oder andere Brücken kreuzen dürfen.

SURIZA

Verbinden Sie benachbarte Punkte mit einer vertikalen oder horizontalen Linie, sodass Sie eine einzige geschlossene Linie erhalten, die sich an keiner Stelle berührt oder kreuzt. Jede Zahl gibt an, von wie vielen Linien sie umgeben wird. Felder, die keine Zahl enthalten, können von beliebig vielen Linien umgeben werden.

					5	6		
	9		7	4	6	1		
					8	5		
		4						1
		2		6				3
	1					7		6
4				1			6	
6	8	5	2				1	
	2		6			3	9	8

4	3	5	7	6	1	8	9	2
8	6	9	4	2	3	5	7	1
1	7	2	8	9	5	3	4	6
6	2	8	5	1	7	4	3	9
7	4	1	3	8	9	2	6	5
9	5	3	2	4	6	1	8	7
5	8	4	6	7	2	9	1	3
3	1	7	9	5	8	6	2	4
2	9	6	1	3	4	7	5	8

				6				
				4				3
4						1	2	9
	8							
	3				9		6	
	7		3				4	
		7	6			4		
		2		5	7	8		
9			8		1	5	3	

1	2							
		9			2			
						3		5
							6	
3	7					5		2
6	4		2	8	1	9		
						1		
	1	3		9	6			
8		7		4	5			

6			9			2		
9	3	7	6	1				
	6							
		2	5				9	
			8		9	5		1
				4	7	3		2
		6		9				5
2							8	7

					5	1	9	3
		6	4		3			
								1
							8	
	1		8		9		7	6
4	9		1				3	
		2	3					8
8			6		4		5	9

HARMLOS Hashiwokakero

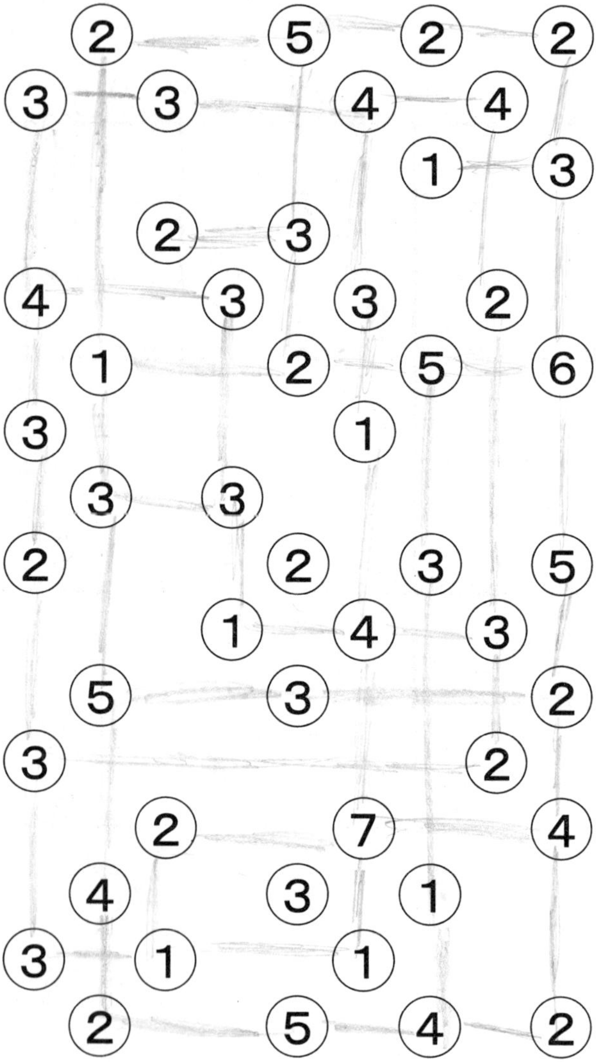

					8		6	
5								3
			2	3		9		
								1
2	6							5
4		5					9	
3				7	4			
6				5			1	2
		9	3		6		4	8

9	3	8	2	4	7	6	5	1
2	5	7	6	8	1	4	3	9
1	6	4	5	3	9	8	2	7
8	7	2	3	9	5	1	6	4
6	4	9	7	1	2	5	8	3
3	1	5	8	6	4	7	9	2
5	2	6	4	7	3	9	1	8
4	9	3	1	5	8	2	7	6
7	8	1	9	2	6	3	4	5

	3		1			3		1	
3		3		2	1		0		2
2		1					1		0
				3	1				
			3			1			
1	1			1	3			3	2
		3					3		
3	3			3	3			1	1
			2			0			
			2			3			
0	2			3	2			3	1
		0					0		
1	3			1	3			2	1
			3			3			
				2	3				
3		2					3		2
2		3		3	3		2		3
	3		2			3		1	

						9	7	
	1					6		8
	4	8	9				5	3
6					7		2	
9					4	5	3	
			8	9				
				6				
	3	7					6	
				7	2			5

				1	5			4
	7	9					6	
		2			4			3
			4		2		1	7
				3	9			
	6	7		5	1	2		9
2						5		
	5			9		7		

			8			4		
	2			9	5	7		
		6	1			3		
								2
9	3			8		1		
4					9	5	1	
1			2				7	
6		7	4	1			3	

4			4		5			3
		3		2		2		
2			3		3			
				3		6		5
2		5					2	
			2			2		3
4		8		5			3	
	1					2		4
4		3					1	
	3			2		2		2
3		3			3			
	1					3		4
3		4		1				
			2		3			3
		2		1		1		
2			2		1			1

							2	1
			8	2	5		9	
		6						
					7	9		
	1		3					
5			6			7		
	7		9		8			6
4		1		7			5	
8	3				6	1		

		7		6				4
3			1		8	5	2	
						6		
	5			3		1		
		1		4			9	
		2		1		4	8	
9		4					1	7
	3			9			6	

0			2		3		2	2	2
			2						
		3					1	2	2
1	2				1	3			
			3	3				2	2
2	2	2					2		
				3	3		2		3
1	3	2					0		
			3	1				1	1
2	1				3	1			
		2					1	0	1
3		1		3	1				
		3					1	3	3
2	1				1	3			
			3	0				2	2
3	1	2					2		
						3			
0	2	3		0		3			0

					1		9	
8		4						6
9	5			2			8	3
			4					
				6	3		7	
4					5			
	8	3			2			
6	9						5	2
			5		7		3	

								5
			7		8			
2			3	5		7	6	8
			2					
						3	4	
5	3	6						
	5				1		8	
7	1			6		9		
3	8							2

			8					
		3						4
				2	1	9	3	6
		8						
				5				
			3			1	2	
1	6					5		9
			1		8		7	
	2		5	9		3	6	

6		7	9		1			
	1				8		4	
								1
		5	7				2	
2					5	4		9
8		9		5				
	3			6		7		8
				9			1	6

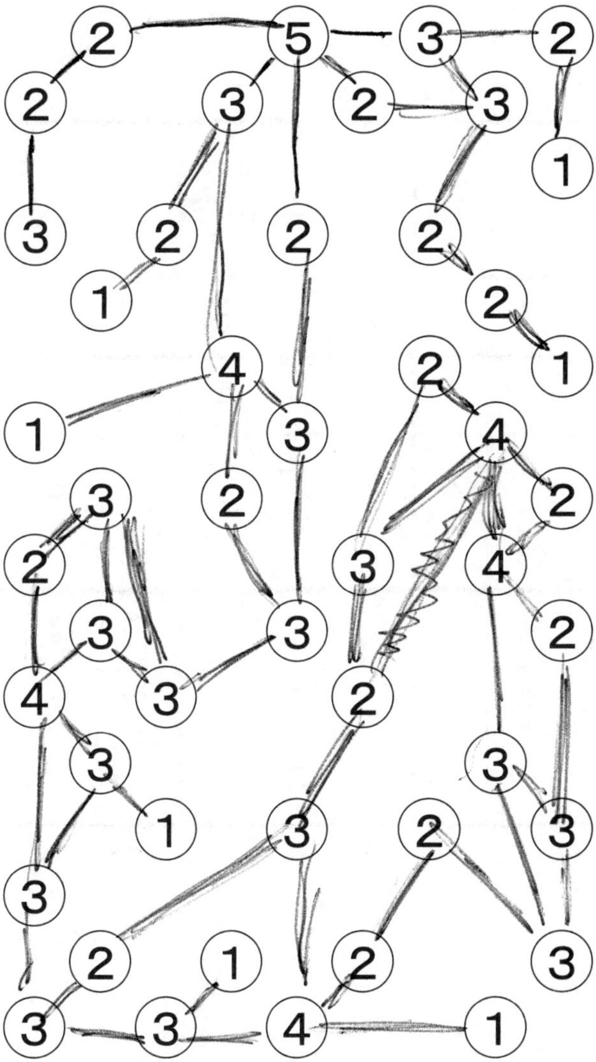

6								
		5	1			2		
			7		5	4		1
					9			3
9		7					1	
	6							4
	5				2	7	9	
	1						2	
7		3		9				6

	1	3	1						2
	2		3		2	2	1		
	3		2		3		3		1
					3		2		1
1	3	2							3
2		1		3	2	2			
2		2		1		1		3	2
1		1		1		2		3	
	3			2		2		1	
	0		2		2			1	
	2		2		1		2		1
0	1		2		1		2		2
			0	2	1		1		2
2							3	3	3
1		2		2					
3		2		2		3		2	
		3	3	2		2		3	
3						3	1	3	

						4		5
				5	9	7		
1				6	7			
3	4							
			2			9		
2	1						8	
8					1			
	7		8		2		5	3
			9		6		1	

				8				
	9			1	2			
			9	3	5		1	2
						3	9	
		6	3			8		
1						7		
		7	6				3	4
	8	4	1	2		6		

						6		
3				1				9
	5	7				8		
								4
5	8			4				1
				8		9	2	
		6			7			2
	7		3		2		9	
1					8		3	

			3				5	
			2	4		9	6	
7		6					8	
								2
	6				4			
		1	5					
	4				8			1
	8					3		5
		5	1		3		2	

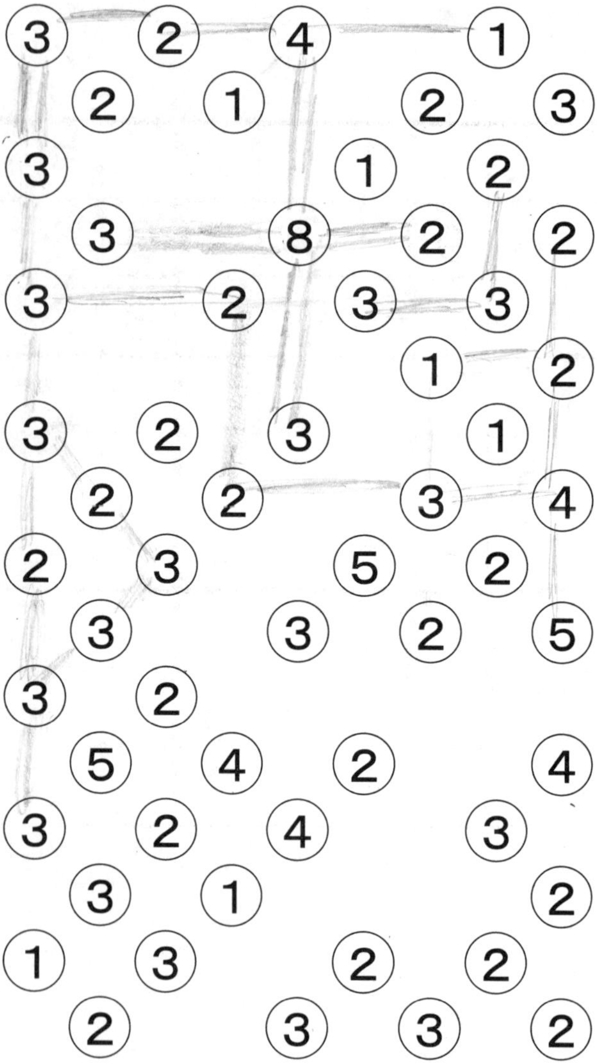

	6	9			3			5
			8		2	3		4
							8	
		7						6
		3			4	7		
			9				5	2
			3	7	5		6	8
	9		6					

			7					8
			1	6			9	7
9			4			6		2
				2				
	4	7						
	6				8			
		5				1		
			6				8	3
				5	4	7	6	

							8	
	7				2	4		
		4	5				6	
			4					3
		9		6			2	5
	8				7			
5			6	1		7		
	1	2	3				5	8

HARMLOS Suriza

1		3					3		0
2				3	1				2
		1	3			1	3		
3									3
	2		0	3	2	1		1	
1									0
		3		1	1		0		
			3			2			
	3			2	3			1	2
3	0			1	2			3	
			3			1			
		1		0	2		2		
3									1
	2		2	1	2	3		3	
3									2
		3	0			2	2		
3				2	3				0
3		1					1		1

							5	
			8	3			1	
	3						4	8
5				1				
	7	6				8	9	
8					7	2		
	4	7	6			3		
	9	3	4					1

HARMLOS Hashiwokakero

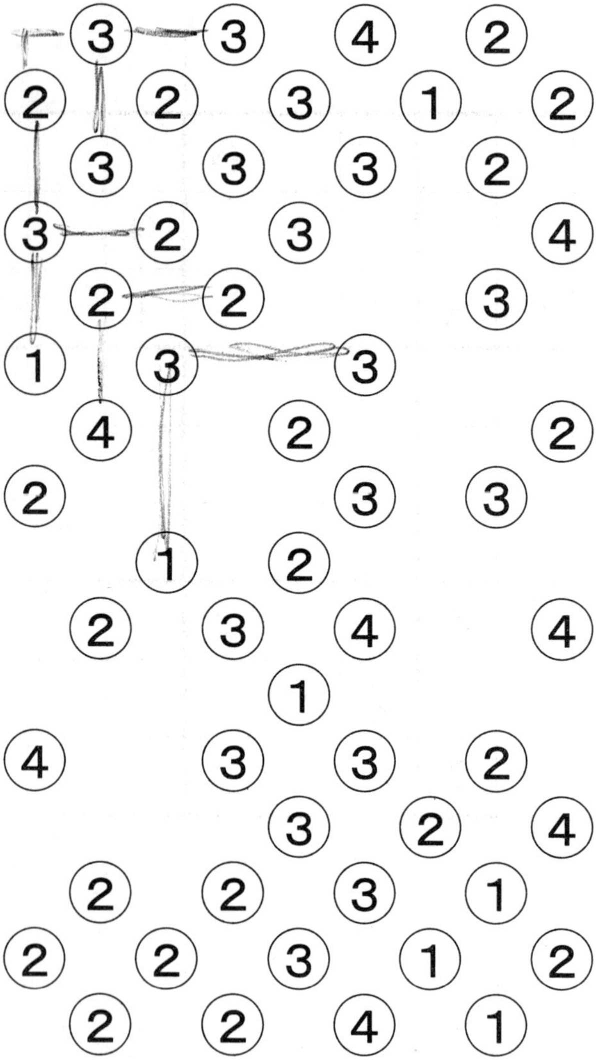

					6			
						9		2
		8	7		9	1		6
	3							
						7	6	4
4					1			3
3		4			2			
			9				8	
2		7	8				3	

	6		8				9	
								8
1						5	4	2
6					3			
					5		3	
	9				7	4		
			4					7
5		1	3					
		4	9	2			5	

	1			2	2			3	
0			3			1			3
	3			3	3			1	
1			2			1			0
	3			1	1			3	
1			3			3			3
	3			1	0			1	
			3			3			
3	2		1			1		3	2
1	0		0			1		2	0
			2			3			
	1			2	2			3	
3			0			1			1
	2			3	1			1	
2			0			1			0
	1			2	2			2	
1			1			0			3
	3			2	1			3	

HARMLOS Sudoku

			8		1	4		
	5						1	7
			3			8	4	1
2	1				9		3	
					3			6
3	2		1					9
7	8				2			4

2		5				3	6	
	8	7		9			5	4
					3			
						9		1
	9		8	6				
		1		4				
6		9					2	
				8		7	4	6

			9					
	6			5	1			
1		4				3		2
4								
		2						9
			3			7	2	6
		6		1	8			
					3	2		
8	7	1	5		9	4		

	9				3			7
				7	5		9	
			1		6		5	
						7		6
				9		4		
		3	7					2
	1		4	2		6		
7			6		1			4

				2				
	3		6			5		8
2		7	8	1		9		
			2					4
		9		4		8	5	2
		5				4		
3			5	8			9	
	9	8		7		3	1	5

				4	5		8	
		7			6	5		4
			3					7
				5				1
2		8				7	3	
	1				4			8
	8						9	3
	9			1	2		7	6

		5						
6			4			1	5	7
			9		7	4		8
					5			
	3			7				
2	7	8						3
		4				7	2	6
					6			
			2		9	8	4	

	2	2			0			3			1	2	
		3			3			1			3		
		1	3		2			3		2	3		
3					3			3					1
1	0	3									1	3	3
		2		2	3			1	3		3		
				0					1				
3	3		2	2		3	3		3	2		1	3
	2					2	1					3	
	3	3			2			2			2	1	
				1					3				
3		2	3			2	3			2	3		2
3		1	3			1	0			1	1		1
				2					1				
	2	3			1			3			2	1	
	1					3	2					3	
2	0		3	3		2	0		2	2		3	2
				1					3				
		2		1	2			1	3		2		
0	1	3									2	0	2
2					2			3					3
		1	3		3			0		3	3		
		0			3			2			1		
	3	2			1			2			3	3	

	2			9				
	5			1	7	4	9	
1	7			8	6			
		3		7		9	1	
								5
		2		6				
4					9		3	
	9		3		1	7	8	2

				5	4			
	6							2
	3					8	7	5
9	8							1
					6	5		
		8			1	4	3	
4	1			9	7			6
3				6				7

								3
					3	2	8	5
		9		2				
								4
					9	5	2	
		4	5		1			
9		7						6
		1	8	9	2			
	8		6				3	

						4	6	
				8		1		
2			5		4			3
				6		8		7
	9	3					1	
6	1				9		3	
	4			5		6		
9	7				1		5	

KNIFFLIG Hashiwokakero

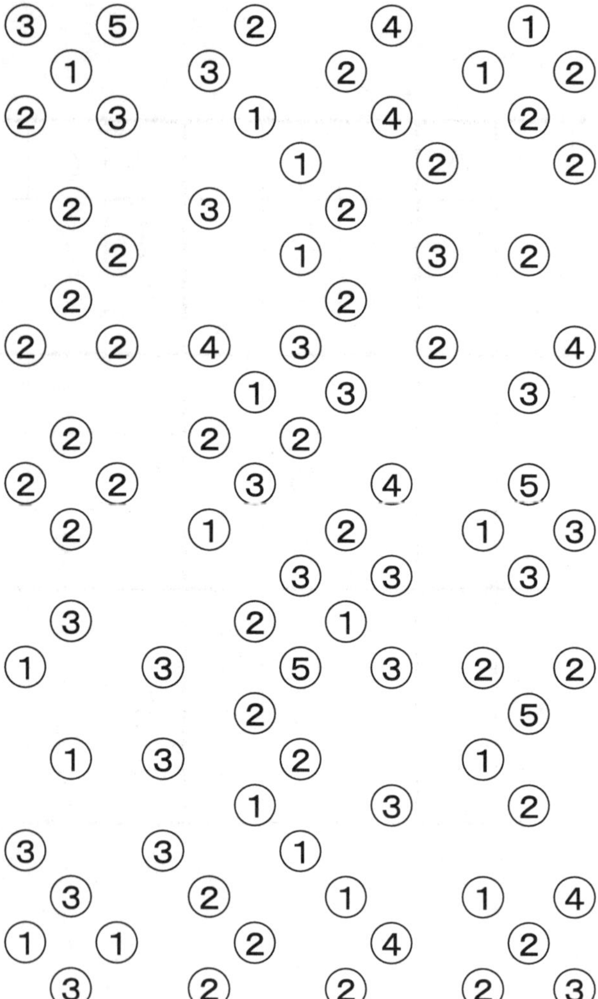

		4						2
			2			1	7	
			4	3				
6			9	5			8	
5		9			3		6	
	6			7		8	9	
4		2	6			7	3	

KNIFFLIG Sudoku

							4	
		3		5				2
	9	6			4		5	
					8			
	8			4	6			9
		2	9					
	6	4			3	8		
		8	5		9		3	
						5		7

						4		
3								7
2			4	7			6	8
							8	
			2	3				
5	7	9						
		4			1		3	
6		8	7					
7				2	4			1

					5			
		6				4		1
	2	1			7	9		5
	3					1		
7		5			2	8		
	8		9				5	
							8	6
	9			6				
	7			4				9

	3		0							3		1	
2	1		3	3		0	3		1	1		3	3
3	1		1	3		1	2		0	1		1	2
	1		3							2		1	
0				2			3		3				3
2				1		3			1				1
	2		0							3		1	
1	2		2	2		3	3		1	3		3	3
3	2		2	1		3	3		2	2		2	3
	2		2				0			3		1	
	2		1			3				2		3	
1	1		0	3		3	0		1	0		1	2
3	3		2	0		3	2		3	0		2	2
	1		3							1		3	
0				2			1		1				1
2				3		3			2				2
	1		1							2		2	
1	3		1	3		3	0		3	3		0	2
1	1		2	3		3	2		3	3		1	1
	3		0							0		2	

	9						5	
		3						7
6	7							2
		1		6				
		8	1	2				
	4			9				
1			9		5			3
3					4	6		
					1		7	4

		1						
								8
	8		5	4	9			3
							6	2
9	1		2			5	4	
		6		8			3	
	7	2		5		8		
		9	4		6	2	5	

				5		9		
							4	
	7	8				5		1
6								
						1	6	
		5			8		9	2
	4		1		2	3		
7			6					
	1				5	2		7

7	6				2	4		
				8		9	6	7
			3				4	
	5		2		4			3
		1					5	
		8		7	1	6		
	2			5	9	8		1

				1				
	3			6				7
1	6		5		7	8		
				2	4	5		
	8				5	2		
		9						3
4		8		5			6	
2	1			8	9			

9	1					2	5	
		2	7		4	8		3
	4							1
2		9	8					
					3		6	
	5		4			9		
1		4	6	2				

KNIFFLIG Hashiwokakero

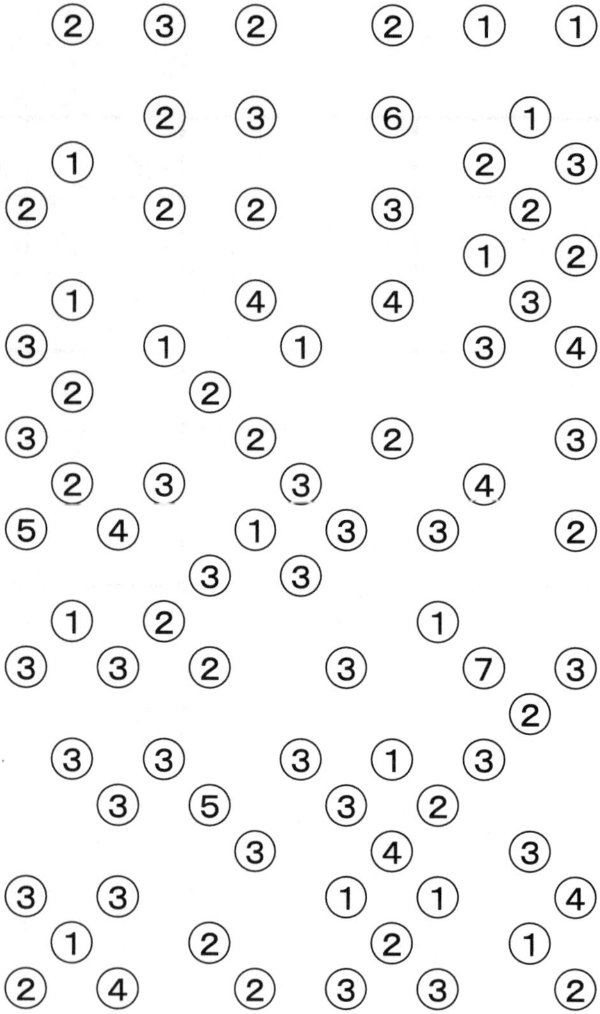

						9		6
1	6	9		4				8
8						7	4	
	7			3				9
2			8			4		
				7	2			
7		2		9	3	5	8	
		4			8			3

6		8			7			
		3	8			9	4	2
				7				3
	4					5	8	
	5	1			4			6
	2					8		
	3			9	6		1	7

						9		
			4		3			
	6				1	7	2	3
						6	5	2
4		5		8	2			
		6		3				
		1			5			4
				7		2	9	1

				7				
		1				5		
		4	2	3				7
				5				
	2					6		
			7		4		8	
								5
	6	7						2
		9	8	4	1		3	6

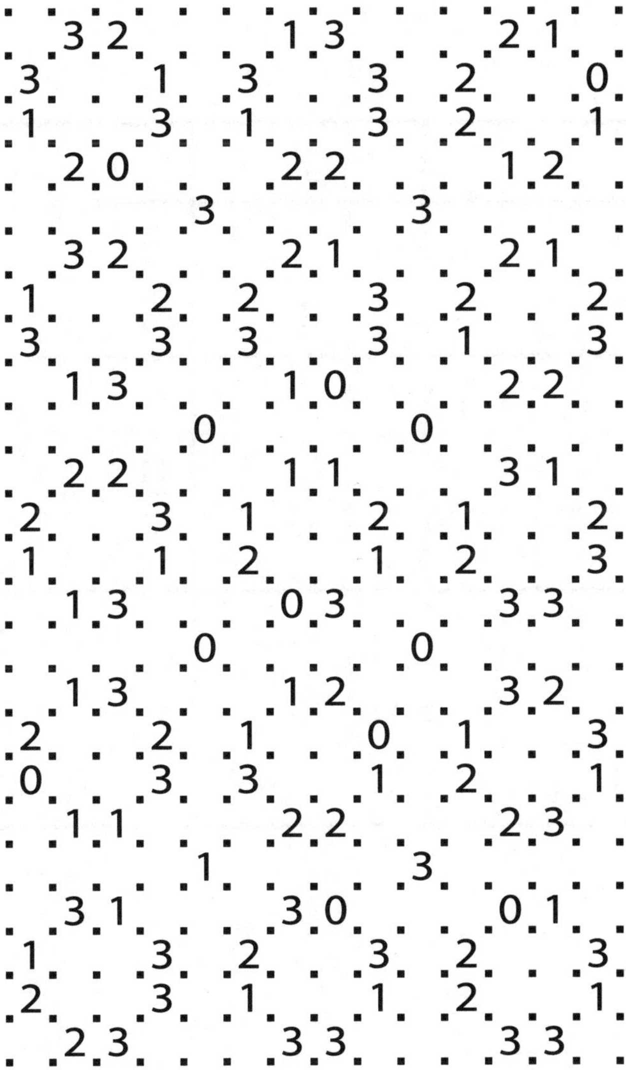
3 2 1 3 2 1
3 1 3 3 2 0
1 3 1 3 2 1
2 0 2 2 1 2
3 3
3 2 2 1 2 1
1 2 2 3 2 2
3 3 3 3 1 3
1 3 1 0 2 2
0 0
2 2 1 1 3 1
2 3 1 2 1 2
1 1 2 1 2 3
1 3 0 3 3 3
0 0
1 3 1 2 3 2
2 2 1 0 1 3
0 3 3 1 2 1
1 1 2 2 2 3
1 3
3 1 3 0 0 1
1 3 2 3 2 3
2 3 1 1 2 1
2 3 3 3 3 3

5			8		1		4	2
7	3			4		5	6	
		9						
						9		7
	4							6
		7					1	5
8			9					
4	6		7		3		9	

				9			8	
			1	8				7
9	6					3		2
			4		9			
	5			2			3	
		6			1	4		
	2	1	7		8		6	
5		7				1		3

								1
		6			1	2		
2			5	9	7			
						4		9
9				8	2	3		
	5	1			6			
	6		9	7			1	
7		3				5	2	

			8			2		4
4	1		9			3		
		7			6			
			7		1			
	2		6			7	4	8
	7	1					3	
			4		3	8		
3	4				7			2

KNIFFLIG Hashiwokakero

		9	4				7	
		4	8					
			7			3	4	1
8								4
		5	1			8		9
5		3			4			
9		6			7			
	7		9	5	6			2

						7		
7			3		5	1	2	
		5	4		2		3	9
							9	
		8				3		
	1		8	2				
	2				7			
	5							
6	8	4	2				5	

	1	2	3		0			3		2	2	2	
	3		1		3			3		0		2	
		3				2	2				1		
3	3			2	3	3	2	3	1			3	2
1		1		2					2		1		3
1	1			1					2			3	1
					0	2	3	3					
	1	2									1	1	
2			2			2	3			2			3
3	0	2	2		3			3		3	3	1	1
					3			2					
					2			0					
3	3	1	2		3			1		2	0	3	2
2			1			3	3			2			2
	3	3									2	1	
					2	1	3	3					
1	3			1					2			0	2
0		1		1					1		3		3
2	2			2	3	3	2	2	1			1	3
		1				2	0				3		
	3		1		3			2		1		2	
	2	3	2		3			0		3	3	2	

		9						
			2	6				
3	1		4	5			2	
						7		
	5						1	
						4	6	3
				1			3	
7	8	1		3				2
		2		8			9	4

	7			1	5			8
						5		
			2	3				
							9	
1				7			3	
		8	1	4		2		6
					3			
		9	8	2	6		4	
5		2						

KNIFFLIG Sudoku

		9	3	4	7	6		
			8			2	9	3
					6			
						7	2	9
		4	5					
		5					3	
		7			8			4
3			4		2			8

			5					
					9		7	
		6			2		1	8
	5	7	1			4	3	
1			3			2		6
8	6	3				5		
	7			4				
			7			1		2

KNIFFLIG Hashiwokakero

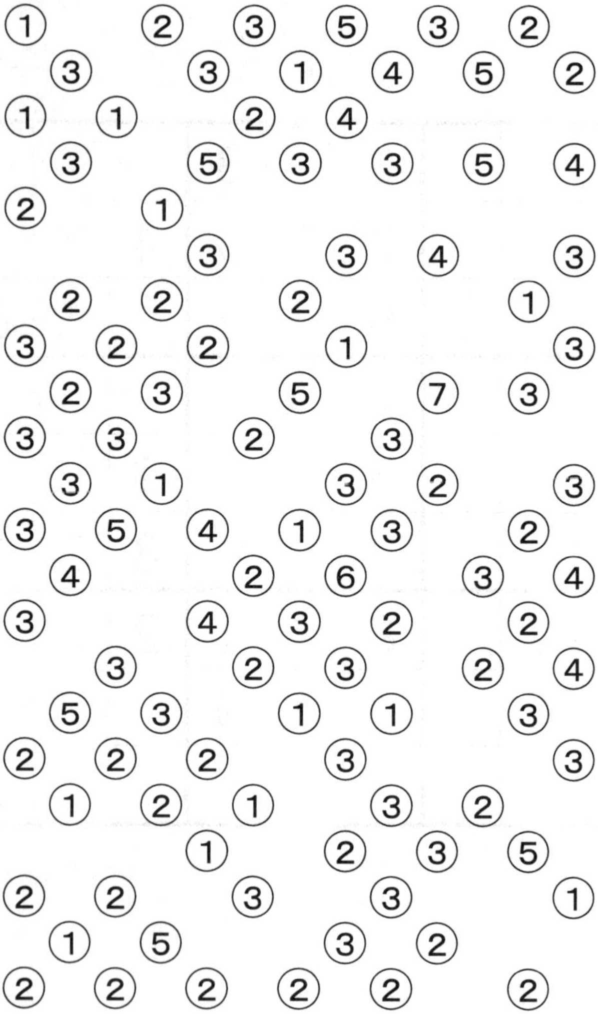

					3			
			9	1		4		
			6	2				3
								4
	3		5			9		
2						8	3	1
9			8	7	1	2		
	5				9			7
	4							8

KNIFFLIG Suriza

1			1				3		1			3	
0		2		2			0		3		1		
		3		1		2			1		3		2
	3			3		1				2			1
	1				1			3				1	
0			1				2		3			2	
2		3		0			2		2		0		
		3		2		0			1		2		1
	1			1		2				1			1
	0				2			0				0	
2			0				2		3			2	
3		2		2			2		1		0		
		3		2		0			2		2		3
	1			3		3				3			2
	2				1			2				2	
0			1				3		1			0	
1		2		0			1		1		1		
		2		2		1			0		1		1
	3			0		1				3			3
	1				2			2				2	
1			1				3		1			2	
3		1		2			3		2		1		
		3		3		0			3		3		1
	2			2		2				3			2

	1							
		6					2	5
	5		9	2		3	4	1
					7			6
		8			5			7
	9		5					
	6	1	2	7			5	3
5			1	6				9

KNIFFLIG Hashiwokakero

		5						
		3	2	4				
6					3			
		2						
	3		5					1
		4		9				8
	7		3			2		
					7		9	6
			4	6	8		7	3

	5		4	7				2
7		6			3		9	
				5				
					7			
					6		3	4
		8					6	5
		7	2			3		
2		9	6	1				8

	9			2				1
6		2			8	7		4
				3			9	8
					6	8		
			9	1	4		6	
		8	1					
4				7		3		
	3		8			4		

EXTREM Sudoku

3	8	7				4	9	6
6	1	2	4	9	8	5	7	3
9	4	5	6	7	3	1	8	2
	5	6						
				6				5
	9		2	4	5			
5				1		7		
		8			7		3	1
					6		5	

	3	1	0	2	2			1	2	3	1	2	
1						3	3						2
2		3	2			2	2			1	2		2
	1				2			1				2	
			1	2					2	3			
	2	3				0	2				2	3	
1				1	3			3	1				2
		2	3							2	3		
	1				2	0	1	2				0	
	1			2					2			3	
3			1			2	2			3			1
1			1		3			3		1			2
2			1		3			3		2			2
1			3			1	1			3			1
	2			1					1			2	
	1				2	3	1	3				0	
		3	2							3	2		
1				2	2			0	2				2
	3	1				3	2				3	3	
			3	3					3	2			
	3				2			3				3	
2		1	2			1	2			2	1		2
3						2	1						3
	2	2	3	2	1			3	3	2	2	2	

EXTREM Sudoku

	7			3			1	2
	6		1				8	3
		8						4
		4		1			5	
		6		7	3			
		9					7	
4			9	5		1	6	

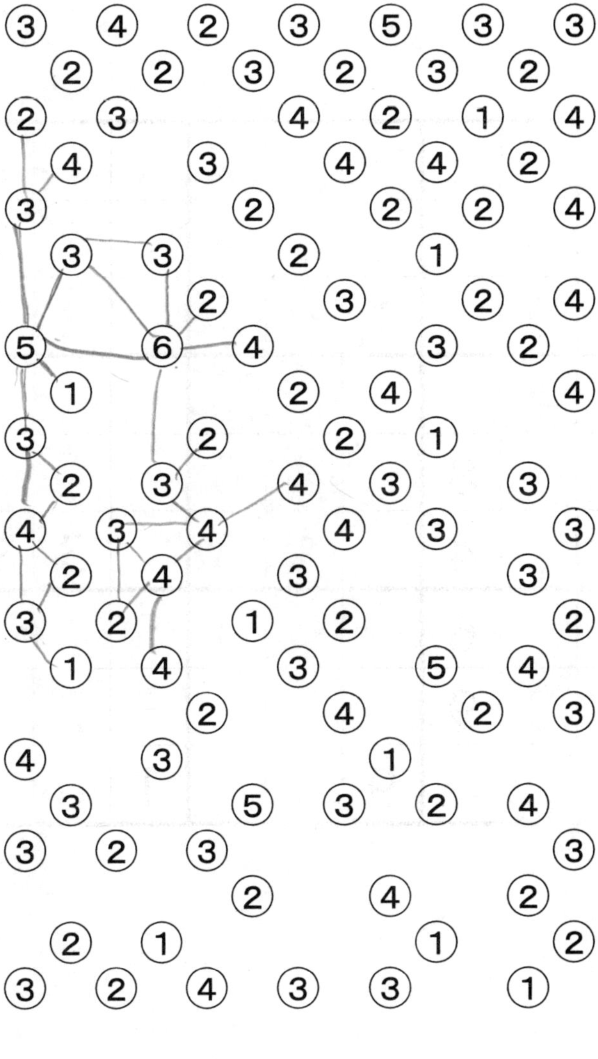

EXTREM Sudoku

						4		8
	5	6	1		4	7		2
	9			6				
	4							
				3	6			
					8		3	9
						5		
1	3							
9	2	8				3		6

	4	8				6		
			9		7		4	3
			7			3		2
	9				6		1	
5					3			9
		2			4	8		5
7			8		9	4		6

		4			6			9
3			9			7		
					4	5	6	3
						2		7
	7		5					
7					9		4	
	4	8		6	1		9	5
9		6		4	3			

	2	2	1	1				2					
				2		3		2	3	1	3	3	2
3	3	2		2		1							
1				2		2	3	2		3	1	2	
2		3	3	2				2				3	
2								1	2	2		1	
1	0	1		1	1	3						1	
						2		3		2	2	3	
		2	3	1		0		1					
2		1				2		2	2	3	2	1	1
3		1		1	3	0							2
2		3						2	1	2	2		2
2		3	2	1	2						3		3
2							2	1	1		1		2
1	2	2	2	2	1		3				3		2
					1		2		1	3	1		
	3	2	2		3		2						
	2						3	2	2		3	1	2
	2		2	3	2								1
	1				3				2	1	1		1
	3	2	1		2	1	1		3				2
							2		1		2	1	3
0	3	2	1	2	2		2		3				
					3				2	1	0	2	

EXTREM Sudoku

		7	4				2	
3				6		8		
					9			5
	2		8					
			9	3	7			
					5			7
	6					2		
2	9				3	5		4
						9		3

		3						
						1	9	
			1	9	6	8		7
							8	9
	2			7			5	4
	5		9					
	7	4	8					5
	8	2			5	9		

EXTREM Hashiwokakero

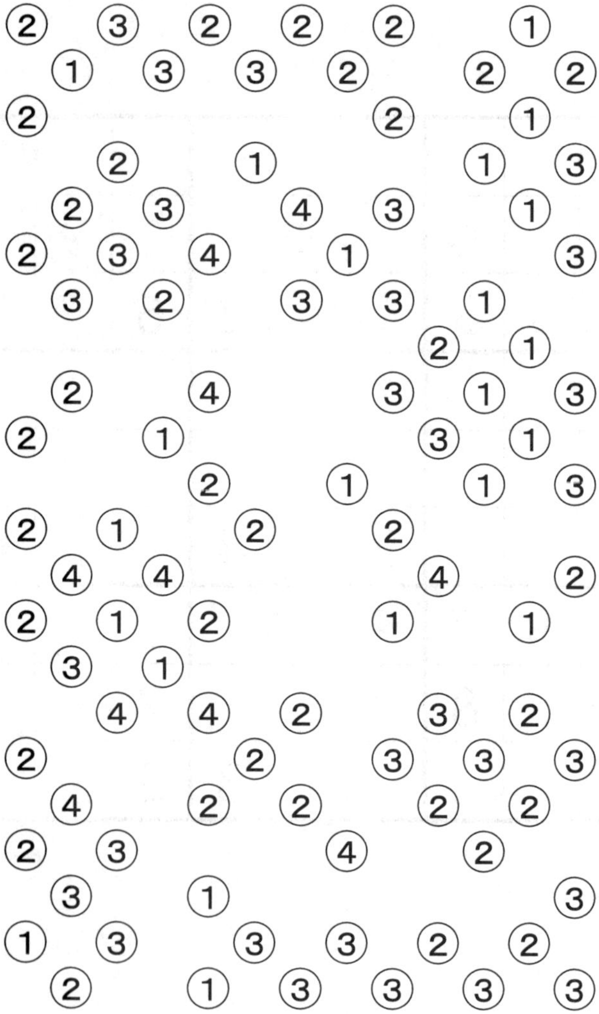

		4		3			7	2
	5	3		4	2	6	8	
			1					
9							4	
			5		4			6
	6	7						
4		8		6		7	9	
1					8	2		4

						7		
		5		9		4		6
8		7	2	3	6			
	1			2		6		
			7		1		9	
					9			2
	2			7	8	1	6	4
		8		6			7	9

				2			7	
4				1	8			5
	7	3						9
						7		
				8			1	
					9			3
	9				5			
8			6		1		3	
		2				4		

Seite 8

2	7	1	3	9	5	6	8	4
5	9	8	7	4	6	1	3	2
3	4	6	1	2	8	5	7	9
8	6	4	5	7	3	9	2	1
7	5	2	9	6	1	8	4	3
9	1	3	4	8	2	7	5	6
4	3	9	8	1	7	2	6	5
6	8	5	2	3	9	4	1	7
1	2	7	6	5	4	3	9	8

Seite 11

1	2	8	6	5	3	7	4	9
5	3	9	4	7	2	6	1	8
7	6	4	8	1	9	3	2	5
9	8	2	5	3	7	4	6	1
3	7	1	9	6	4	5	8	2
6	4	5	2	8	1	9	7	3
4	5	6	3	2	8	1	9	7
2	1	3	7	9	6	8	5	4
8	9	7	1	4	5	2	3	6

Seite 9

4	3	5	7	6	1	8	9	2
8	6	9	4	2	3	5	7	1
1	7	2	8	9	5	3	4	6
6	2	8	5	1	7	4	3	9
7	4	1	3	8	9	2	6	5
9	5	3	2	4	6	1	8	7
5	8	4	6	7	2	9	1	3
3	1	7	9	5	8	6	2	4
2	9	6	1	3	4	7	5	8

Seite 12

4	2	8	7	3	5	6	1	9
6	5	1	9	8	4	2	7	3
9	3	7	6	1	2	8	5	4
5	6	9	4	2	1	7	3	8
1	8	2	5	7	3	4	9	6
7	4	3	8	6	9	5	2	1
8	9	5	1	4	7	3	6	2
3	7	6	2	9	8	1	4	5
2	1	4	3	5	6	9	8	7

Seite 10

5	9	3	1	6	2	7	8	4
7	2	1	9	4	8	6	5	3
4	6	8	7	3	5	1	2	9
6	8	9	2	1	4	3	7	5
1	3	4	5	7	9	2	6	8
2	7	5	3	8	6	9	4	1
8	5	7	6	9	3	4	1	2
3	1	2	4	5	7	8	9	6
9	4	6	8	2	1	5	3	7

Seite 13

1	7	3	9	8	2	5	6	4
2	8	4	7	6	5	1	9	3
9	5	6	4	1	3	8	2	7
7	2	8	5	3	6	9	4	1
6	4	9	2	7	1	3	8	5
3	1	5	8	4	9	2	7	6
4	9	7	1	5	8	6	3	2
5	6	2	3	9	7	4	1	8
8	3	1	6	2	4	7	5	9

Seite 14

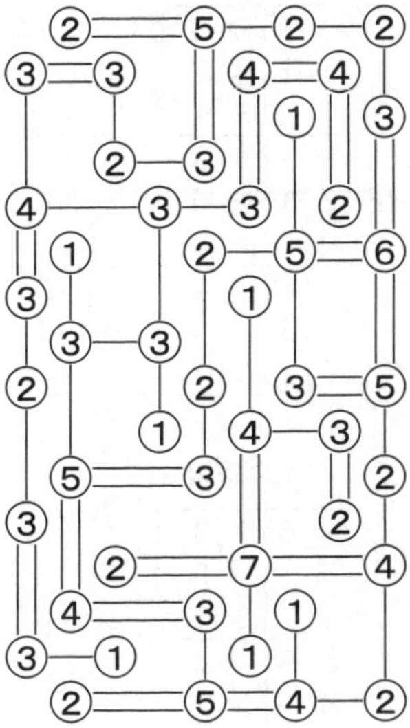

Seite 16

9	3	8	2	4	7	6	5	1
2	5	7	6	8	1	4	3	9
1	6	4	5	3	9	8	2	7
8	7	2	3	9	5	1	6	4
6	4	9	7	1	2	5	8	3
3	1	5	8	6	4	7	9	2
5	2	6	4	7	3	9	1	8
4	9	3	1	5	8	2	7	6
7	8	1	9	2	6	3	4	5

Seite 17

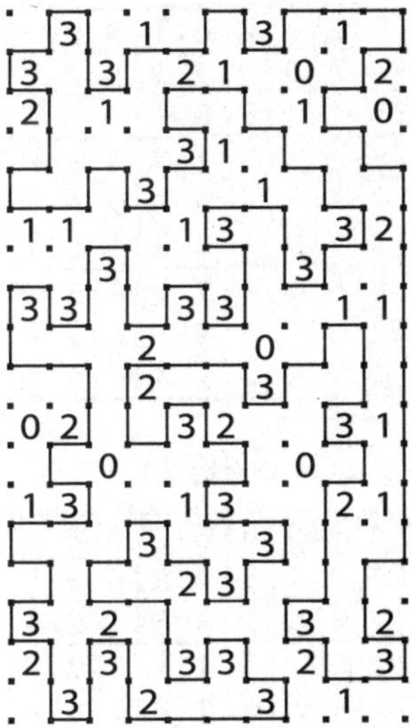

Seite 15

9	2	3	4	1	8	5	6	7
5	4	8	6	9	7	1	2	3
7	1	6	2	3	5	9	8	4
8	9	7	5	6	2	4	3	1
2	6	1	9	4	3	8	7	5
4	3	5	7	8	1	2	9	6
3	8	2	1	7	4	6	5	9
6	7	4	8	5	9	3	1	2
1	5	9	3	2	6	7	4	8

Seite 18

5	6	3	2	4	8	9	7	1
2	1	9	7	5	3	6	4	8
7	4	8	9	1	6	2	5	3
6	5	4	1	3	7	8	2	9
9	8	1	6	2	4	5	3	7
3	7	2	8	9	5	4	1	6
8	2	5	3	6	1	7	9	4
4	3	7	5	8	9	1	6	2
1	9	6	4	7	2	3	8	5

Seite 21

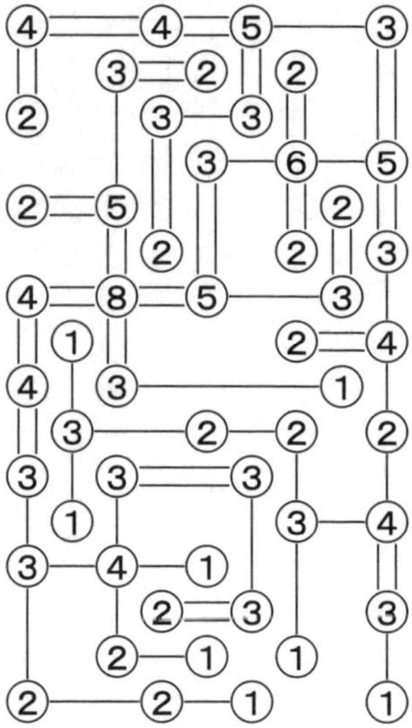

Seite 19

6	8	3	7	1	5	9	2	4
4	7	9	3	2	8	1	6	5
5	1	2	9	6	4	8	7	3
8	4	1	5	7	6	3	9	2
9	3	5	4	8	2	6	1	7
7	2	6	1	3	9	4	5	8
3	6	7	8	5	1	2	4	9
2	9	8	6	4	7	5	3	1
1	5	4	2	9	3	7	8	6

Seite 20

3	1	9	8	6	7	4	2	5
8	2	4	3	9	5	7	6	1
5	7	6	1	2	4	3	9	8
7	6	1	5	4	3	9	8	2
9	3	5	6	8	2	1	4	7
2	4	8	9	7	1	6	5	3
4	8	2	7	3	9	5	1	6
1	9	3	2	5	6	8	7	4
6	5	7	4	1	8	2	3	9

Seite 22

7	5	8	4	6	9	3	2	1
1	4	3	8	2	5	6	9	7
9	2	6	7	3	1	5	4	8
3	8	2	1	5	7	9	6	4
6	1	7	3	9	4	2	8	5
5	9	4	6	8	2	7	1	3
2	7	5	9	1	8	4	3	6
4	6	1	2	7	3	8	5	9
8	3	9	5	4	6	1	7	2

Seite 23

6	8	5	3	2	4	9	7	1
2	1	7	9	6	5	8	3	4
3	4	9	1	7	8	5	2	6
4	9	3	7	8	1	6	5	2
7	5	6	2	3	9	1	4	8
8	2	1	5	4	6	7	9	3
5	7	2	6	1	3	4	8	9
9	6	4	8	5	2	3	1	7
1	3	8	4	9	7	2	6	5

Seite 25

7	3	6	8	4	1	2	9	5
8	2	4	3	5	9	7	1	6
9	5	1	7	2	6	4	8	3
3	6	5	4	7	8	9	2	1
2	1	8	9	6	3	5	7	4
4	7	9	2	1	5	3	6	8
5	8	3	6	9	2	1	4	7
6	9	7	1	3	4	8	5	2
1	4	2	5	8	7	6	3	9

Seite 24

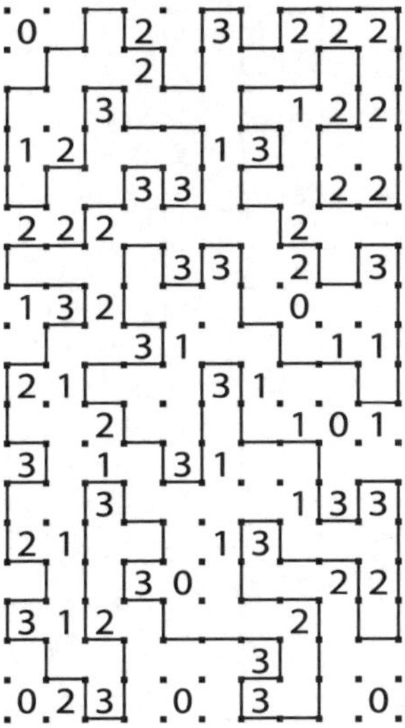

Seite 26

8	7	3	1	4	6	2	9	5
9	6	5	7	2	8	1	3	4
2	4	1	3	5	9	7	6	8
4	9	8	2	1	3	5	7	6
1	2	7	6	8	5	3	4	9
5	3	6	4	9	7	8	2	1
6	5	2	9	3	1	4	8	7
7	1	4	8	6	2	9	5	3
3	8	9	5	7	4	6	1	2

Seite 27

6	4	1	8	3	9	2	5	7
2	9	3	6	7	5	8	1	4
7	8	5	4	2	1	9	3	6
4	5	8	7	1	2	6	9	3
3	1	2	9	5	6	7	4	8
9	7	6	3	8	4	1	2	5
1	6	7	2	4	3	5	8	9
5	3	9	1	6	8	4	7	2
8	2	4	5	9	7	3	6	1

LÖSUNGEN 28–31

Seite 28

4	9	8	5	3	2	1	6	7
6	5	7	9	4	1	3	8	2
3	1	2	6	7	8	9	4	5
9	7	3	4	2	6	8	5	1
1	4	5	7	8	9	6	2	3
2	8	6	3	1	5	4	7	9
8	6	9	1	5	7	2	3	4
5	3	1	2	6	4	7	9	8
7	2	4	8	9	3	5	1	6

Seite 30

6	4	1	9	2	3	5	8	7
3	7	5	1	8	4	2	6	9
2	9	8	7	6	5	4	3	1
1	8	4	2	7	9	6	5	3
9	3	7	4	5	6	8	1	2
5	6	2	8	3	1	9	7	4
4	5	6	3	1	2	7	9	8
8	1	9	6	4	7	3	2	5
7	2	3	5	9	8	1	4	6

Seite 29

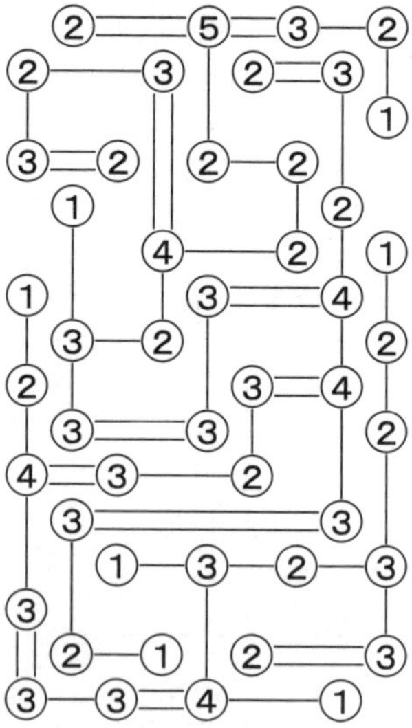

Seite 31

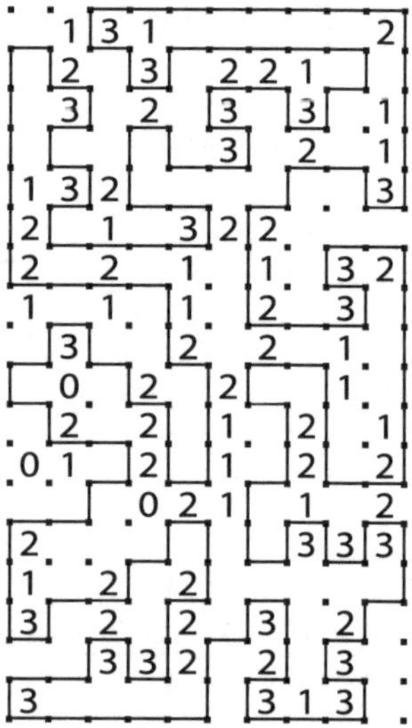

Seite 32

6	3	7	1	2	8	4	9	5
4	8	2	3	5	9	7	6	1
1	9	5	4	6	7	3	2	8
3	4	9	6	8	5	1	7	2
7	5	8	2	1	4	9	3	6
2	1	6	7	9	3	5	8	4
8	6	3	5	7	1	2	4	9
9	7	1	8	4	2	6	5	3
5	2	4	9	3	6	8	1	7

Seite 35

4	9	2	3	8	6	1	5	7
5	1	8	2	4	7	9	6	3
7	3	6	9	1	5	2	8	4
9	5	4	6	7	1	8	3	2
3	6	7	8	2	4	5	1	9
8	2	1	5	3	9	7	4	6
2	4	3	7	5	8	6	9	1
1	8	9	4	6	2	3	7	5
6	7	5	1	9	3	4	2	8

Seite 33

5	1	2	4	8	6	9	7	3
4	9	3	7	1	2	5	8	6
6	7	8	9	3	5	4	1	2
9	3	1	8	7	4	2	6	5
8	4	5	2	6	1	3	9	7
7	2	6	3	5	9	8	4	1
1	6	9	5	4	3	7	2	8
2	5	7	6	9	8	1	3	4
3	8	4	1	2	7	6	5	9

Seite 36

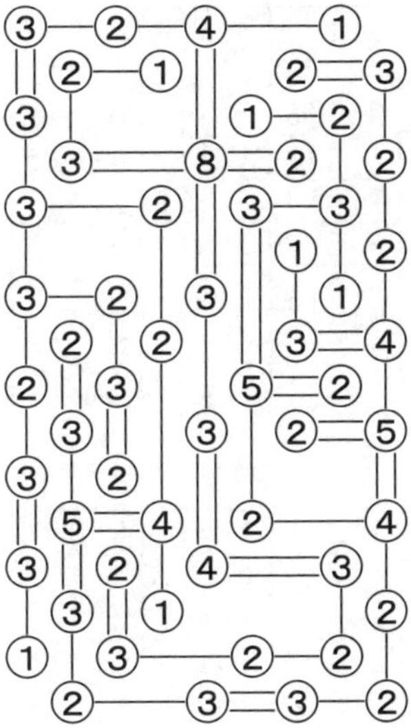

Seite 34

2	1	8	9	7	3	6	4	5
3	6	4	8	1	5	2	7	9
9	5	7	6	2	4	8	1	3
7	9	1	2	3	6	5	8	4
5	8	2	7	4	9	3	6	1
6	4	3	5	8	1	9	2	7
8	3	6	1	9	7	4	5	2
4	7	5	3	6	2	1	9	8
1	2	9	4	5	8	7	3	6

Seite 37

3	8	4	5	9	7	6	2	1
2	6	9	4	1	3	8	7	5
1	7	5	8	6	2	3	9	4
9	4	1	7	5	6	2	8	3
8	2	7	1	3	9	5	4	6
6	5	3	2	8	4	7	1	9
7	3	6	9	4	8	1	5	2
4	1	2	3	7	5	9	6	8
5	9	8	6	2	1	4	3	7

Seite 40

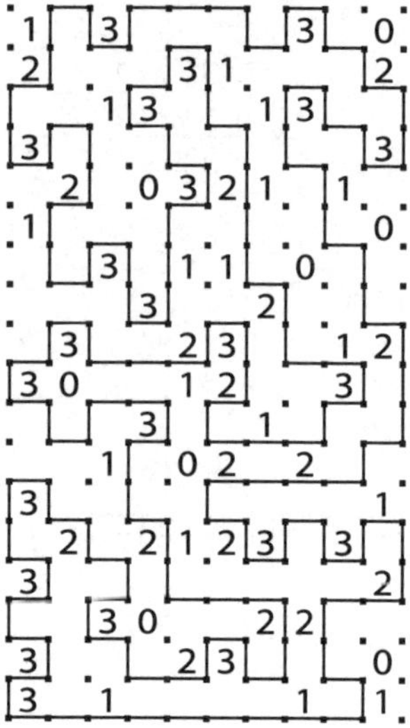

Seite 38

2	1	6	7	3	9	4	5	8
4	5	8	1	6	2	3	9	7
9	7	3	4	8	5	6	1	2
1	3	9	5	2	7	8	4	6
8	4	7	9	1	6	2	3	5
5	6	2	3	4	8	9	7	1
6	9	5	8	7	3	1	2	4
7	2	4	6	9	1	5	8	3
3	8	1	2	5	4	7	6	9

Seite 39

3	2	1	9	4	6	5	8	7
6	7	5	1	8	2	4	3	9
8	9	4	5	7	3	2	6	1
2	5	7	8	3	9	1	4	6
1	6	8	4	2	5	9	7	3
4	3	9	7	6	1	8	2	5
9	8	6	2	5	7	3	1	4
5	4	3	6	1	8	7	9	2
7	1	2	3	9	4	6	5	8

Seite 41

4	1	8	9	2	6	7	5	3
7	6	5	8	3	4	9	1	2
9	3	2	1	7	5	6	4	8
3	8	4	5	6	9	1	2	7
5	2	9	7	1	8	4	3	6
1	7	6	2	4	3	8	9	5
8	5	1	3	9	7	2	6	4
2	4	7	6	5	1	3	8	9
6	9	3	4	8	2	5	7	1

Seite 42

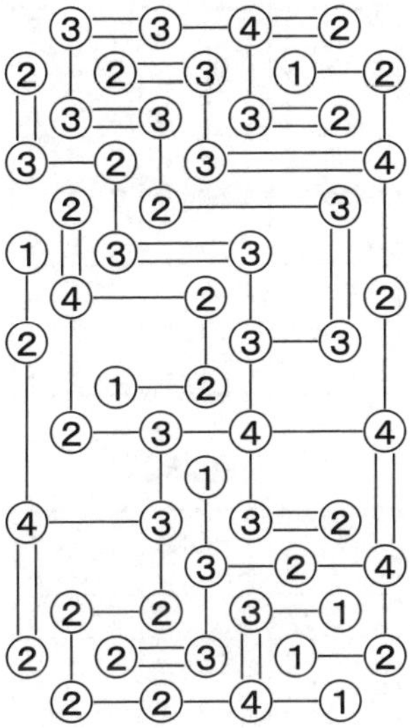

Seite 43

7	4	9	2	1	6	3	5	8
1	6	3	5	8	4	9	7	2
5	2	8	7	3	9	1	4	6
8	3	6	4	2	7	5	1	9
9	1	2	3	5	8	7	6	4
4	7	5	6	9	1	8	2	3
3	8	4	1	7	2	6	9	5
6	5	1	9	4	3	2	8	7
2	9	7	8	6	5	4	3	1

Seite 44

2	6	5	8	3	4	7	9	1
7	4	9	5	1	2	3	6	8
1	8	3	7	6	9	5	4	2
6	5	8	1	4	3	2	7	9
4	1	7	2	9	5	8	3	6
3	9	2	6	8	7	4	1	5
9	3	6	4	5	8	1	2	7
5	2	1	3	7	6	9	8	4
8	7	4	9	2	1	6	5	3

Seite 45

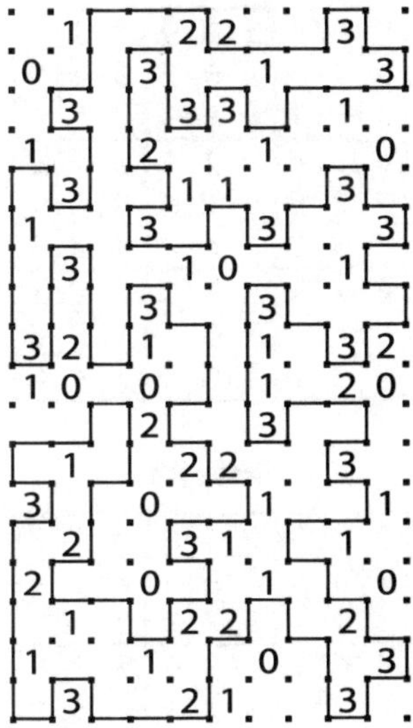

Seite 46

6	7	2	8	5	1	4	9	3
1	3	4	2	9	7	5	6	8
8	5	9	6	3	4	2	1	7
5	9	7	3	2	6	8	4	1
2	1	8	4	7	9	6	3	5
4	6	3	5	1	8	9	7	2
9	4	5	7	8	3	1	2	6
3	2	6	1	4	5	7	8	9
7	8	1	9	6	2	3	5	4

Seite 49

2	8	7	9	1	4	3	6	5
1	9	5	8	6	3	2	4	7
6	3	4	2	7	5	1	9	8
3	7	2	1	4	6	8	5	9
9	4	1	5	8	2	7	3	6
8	5	6	3	9	7	4	2	1
4	6	3	7	5	8	9	1	2
5	1	8	4	2	9	6	7	3
7	2	9	6	3	1	5	8	4

Seite 47

9	6	4	3	5	2	8	1	7
2	1	5	4	7	8	3	6	9
3	8	7	6	9	1	2	5	4
4	5	8	9	1	3	6	7	2
7	3	6	5	2	4	9	8	1
1	9	2	8	6	7	4	3	5
8	7	1	2	4	6	5	9	3
6	4	9	7	3	5	1	2	8
5	2	3	1	8	9	7	4	6

Seite 50

9	8	6	3	2	5	7	4	1
4	3	1	6	9	7	5	2	8
2	5	7	8	1	4	9	6	3
5	4	2	7	6	8	1	3	9
8	1	3	2	5	9	6	7	4
7	6	9	1	4	3	8	5	2
1	2	5	9	3	6	4	8	7
3	7	4	5	8	1	2	9	6
6	9	8	4	7	2	3	1	5

Seite 48

2	8	5	9	3	4	6	1	7
7	6	3	2	5	1	8	9	4
1	9	4	8	7	6	3	5	2
4	5	7	6	9	2	1	3	8
6	3	2	1	8	7	5	4	9
9	1	8	3	4	5	7	2	6
3	2	6	4	1	8	9	7	5
5	4	9	7	6	3	2	8	1
8	7	1	5	2	9	4	6	3

Seite 51

6	2	1	7	4	5	3	8	9
9	3	7	1	8	6	5	2	4
8	4	5	3	2	9	6	1	7
1	5	9	6	7	3	8	4	2
3	7	4	2	5	8	9	6	1
2	6	8	4	9	1	7	3	5
7	1	6	9	3	4	2	5	8
4	8	2	5	6	7	1	9	3
5	9	3	8	1	2	4	7	6

Seite 52

7	4	5	8	6	1	2	3	9
6	8	9	4	2	3	1	5	7
1	2	3	9	5	7	4	6	8
4	9	1	3	8	5	6	7	2
5	3	6	1	7	2	9	8	4
2	7	8	6	9	4	5	1	3
9	1	4	5	3	8	7	2	6
8	5	2	7	4	6	3	9	1
3	6	7	2	1	9	8	4	5

Seite 54

8	2	4	5	9	3	6	7	1
3	5	6	2	1	7	4	9	8
1	7	9	4	8	6	2	5	3
2	4	1	9	5	8	3	6	7
5	8	3	6	7	2	9	1	4
9	6	7	1	3	4	8	2	5
7	3	2	8	6	5	1	4	9
4	1	8	7	2	9	5	3	6
6	9	5	3	4	1	7	8	2

Seite 53

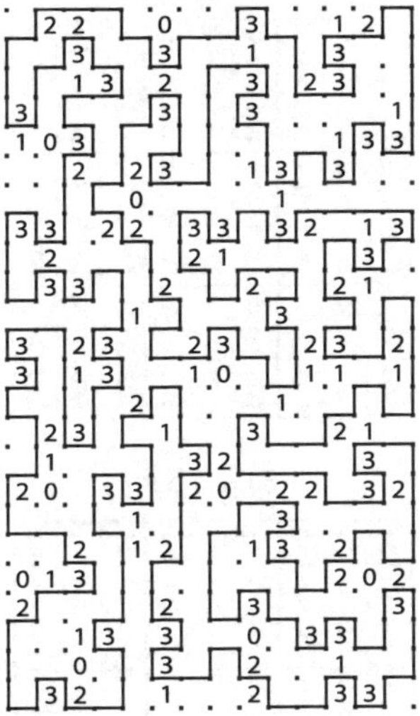

Seite 55

8	9	7	2	5	4	6	1	3
5	6	1	8	7	3	9	4	2
2	3	4	6	1	9	8	7	5
1	5	3	9	8	2	7	6	4
9	8	6	7	4	5	3	2	1
7	4	2	1	3	6	5	9	8
6	7	8	5	2	1	4	3	9
4	1	5	3	9	7	2	8	6
3	2	9	4	6	8	1	5	7

Seite 56

8	4	2	1	6	5	7	9	3
7	1	6	9	4	3	2	8	5
3	5	9	7	2	8	6	4	1
5	9	8	2	3	6	1	7	4
1	6	3	4	7	9	5	2	8
2	7	4	5	8	1	3	6	9
9	2	7	3	5	4	8	1	6
6	3	1	8	9	2	4	5	7
4	8	5	6	1	7	9	3	2

LÖSUNGEN 57–61

Seite 57

5	8	1	3	9	7	4	6	2
4	3	9	2	8	6	1	7	5
2	6	7	5	1	4	9	8	3
8	2	6	1	7	5	3	4	9
1	5	4	9	6	3	8	2	7
7	9	3	8	4	2	5	1	6
6	1	5	4	2	9	7	3	8
3	4	2	7	5	8	6	9	1
9	7	8	6	3	1	2	5	4

Seite 58

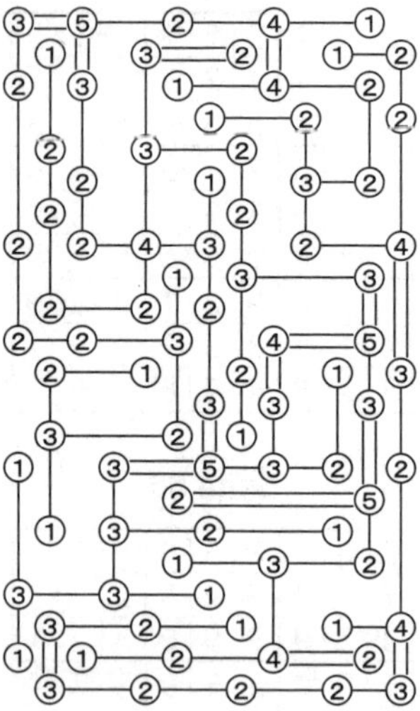

Seite 59

1	9	4	3	8	7	6	5	2
8	5	6	2	9	4	1	7	3
2	3	7	1	6	5	9	4	8
9	4	5	7	2	8	3	1	6
7	1	8	4	3	6	5	2	9
6	2	3	9	5	1	4	8	7
5	7	9	8	4	3	2	6	1
3	6	1	5	7	2	8	9	4
4	8	2	6	1	9	7	3	5

Seite 60

8	5	7	3	9	2	1	4	6
4	1	3	6	5	7	9	8	2
2	9	6	8	1	4	7	5	3
9	4	1	2	3	8	6	7	5
7	8	5	1	4	6	3	2	9
6	3	2	9	7	5	4	1	8
5	6	4	7	2	3	8	9	1
1	7	8	5	6	9	2	3	4
3	2	9	4	8	1	5	6	7

Seite 61

8	6	7	3	1	2	4	5	9
3	4	5	9	8	6	2	1	7
2	9	1	4	7	5	3	6	8
1	3	2	5	6	7	9	8	4
4	8	6	2	3	9	1	7	5
5	7	9	1	4	8	6	2	3
9	2	4	8	5	1	7	3	6
6	1	8	7	9	3	5	4	2
7	5	3	6	2	4	8	9	1

Seite 62

9	4	7	6	1	5	2	3	8
8	5	6	3	2	9	4	7	1
3	2	1	4	8	7	9	6	5
4	3	9	8	5	6	1	2	7
7	6	5	1	3	2	8	9	4
1	8	2	9	7	4	6	5	3
2	1	4	5	9	3	7	8	6
5	9	8	7	6	1	3	4	2
6	7	3	2	4	8	5	1	9

Seite 64

8	9	2	7	4	6	3	5	1
4	1	3	8	5	2	9	6	7
6	7	5	3	1	9	8	4	2
9	2	1	4	6	8	7	3	5
5	3	8	1	2	7	4	9	6
7	4	6	5	9	3	1	2	8
1	6	4	9	7	5	2	8	3
3	5	7	2	8	4	6	1	9
2	8	9	6	3	1	5	7	4

Seite 63

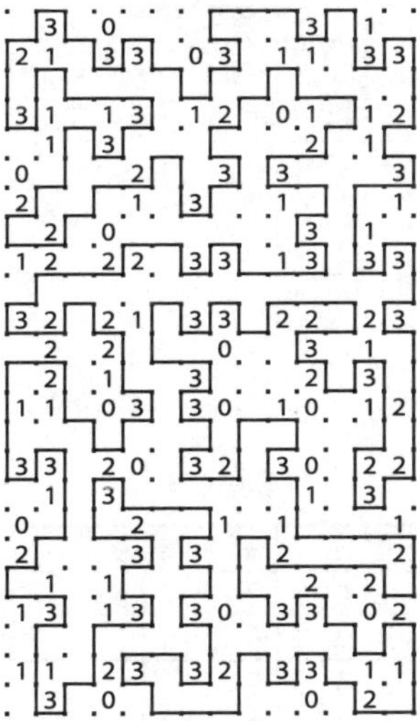

Seite 65

3	9	1	6	2	8	4	7	5
5	6	4	1	3	7	9	2	8
2	8	7	5	4	9	6	1	3
6	2	5	7	1	4	3	8	9
7	4	3	8	9	5	1	6	2
9	1	8	2	6	3	5	4	7
1	5	6	9	8	2	7	3	4
4	7	2	3	5	1	8	9	6
8	3	9	4	7	6	2	5	1

Seite 66

2	6	1	8	5	4	9	7	3
5	9	3	7	2	1	6	4	8
4	7	8	3	9	6	5	2	1
6	2	7	5	1	9	8	3	4
9	8	4	2	3	7	1	6	5
1	3	5	4	6	8	7	9	2
8	4	9	1	7	2	3	5	6
7	5	2	6	8	3	4	1	9
3	1	6	9	4	5	2	8	7

LÖSUNGEN 67–71

Seite 67

1	8	9	7	4	6	3	2	5
7	6	5	9	3	2	4	1	8
2	4	3	1	8	5	9	6	7
3	1	4	5	6	7	2	8	9
9	7	2	3	1	8	5	4	6
8	5	6	2	9	4	1	7	3
6	9	1	8	2	3	7	5	4
5	3	8	4	7	1	6	9	2
4	2	7	6	5	9	8	3	1

Seite 68

8	4	7	9	1	3	6	2	5
9	3	5	2	6	8	4	1	7
1	6	2	5	4	7	8	3	9
5	2	1	7	9	6	3	4	8
3	9	6	8	2	4	5	7	1
7	8	4	1	3	5	2	9	6
6	5	9	4	7	2	1	8	3
4	7	8	3	5	1	9	6	2
2	1	3	6	8	9	7	5	4

Seite 69

4	8	3	2	5	9	1	7	6
9	1	7	3	8	6	2	5	4
5	6	2	7	1	4	8	9	3
6	7	1	5	4	2	3	8	9
8	4	5	9	3	7	6	2	1
2	3	9	8	6	1	5	4	7
7	2	8	1	9	3	4	6	5
3	5	6	4	7	8	9	1	2
1	9	4	6	2	5	7	3	8

Seite 70

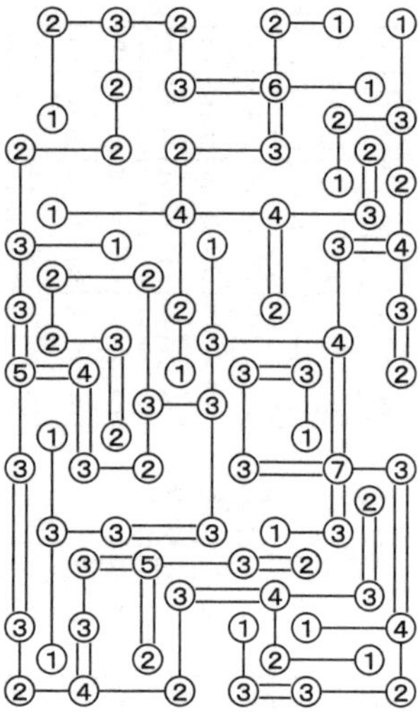

Seite 71

4	2	7	3	8	5	9	1	6
1	6	9	2	4	7	3	5	8
8	5	3	9	6	1	7	4	2
9	4	8	7	2	6	1	3	5
5	7	6	1	3	4	8	2	9
2	3	1	8	5	9	4	6	7
3	8	5	4	7	2	6	9	1
7	1	2	6	9	3	5	8	4
6	9	4	5	1	8	2	7	3

Seite 72

4	1	2	3	5	9	6	7	8
6	9	8	4	2	7	1	3	5
5	7	3	8	6	1	9	4	2
3	6	5	9	4	8	7	2	1
2	8	9	1	7	5	4	6	3
1	4	7	6	3	2	5	8	9
7	5	1	2	8	4	3	9	6
9	2	6	7	1	3	8	5	4
8	3	4	5	9	6	2	1	7

Seite 75

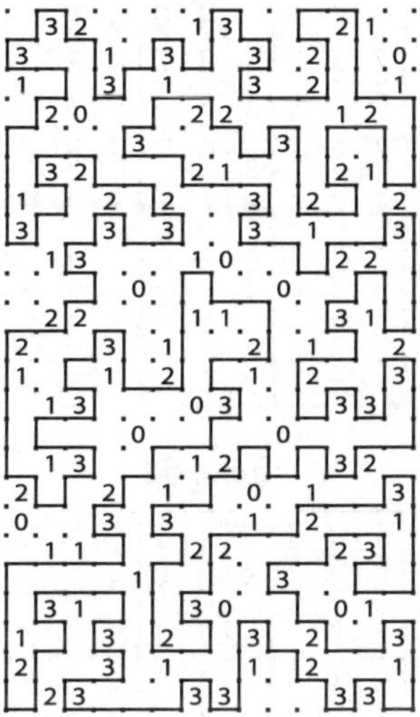

Seite 73

3	1	2	7	6	8	9	4	5
9	5	7	4	2	3	8	1	6
8	6	4	9	5	1	7	2	3
6	2	9	5	1	7	4	3	8
1	7	8	3	4	9	6	5	2
4	3	5	6	8	2	1	7	9
2	9	6	1	3	4	5	8	7
7	8	1	2	9	5	3	6	4
5	4	3	8	7	6	2	9	1

Seite 74

6	9	2	1	7	5	3	4	8
3	7	1	4	8	6	5	2	9
5	8	4	2	3	9	1	6	7
8	4	6	3	5	2	9	7	1
7	2	3	9	1	8	6	5	4
9	1	5	7	6	4	2	8	3
1	3	8	6	2	7	4	9	5
4	6	7	5	9	3	8	1	2
2	5	9	8	4	1	7	3	6

Seite 76

2	1	4	6	7	5	8	3	9
5	9	6	8	3	1	7	4	2
7	3	8	2	4	9	5	6	1
6	7	9	1	2	8	4	5	3
1	8	5	3	6	4	9	2	7
3	4	2	5	9	7	1	8	6
9	2	7	4	8	6	3	1	5
8	5	3	9	1	2	6	7	4
4	6	1	7	5	3	2	9	8

LÖSUNGEN 77–81

Seite 77

7	1	3	6	9	2	5	8	4
2	4	5	1	8	3	6	9	7
9	6	8	5	4	7	3	1	2
6	3	2	4	7	9	8	5	1
8	7	9	3	1	5	2	4	6
1	5	4	8	2	6	7	3	9
3	9	6	2	5	1	4	7	8
4	2	1	7	3	8	9	6	5
5	8	7	9	6	4	1	2	3

Seite 80

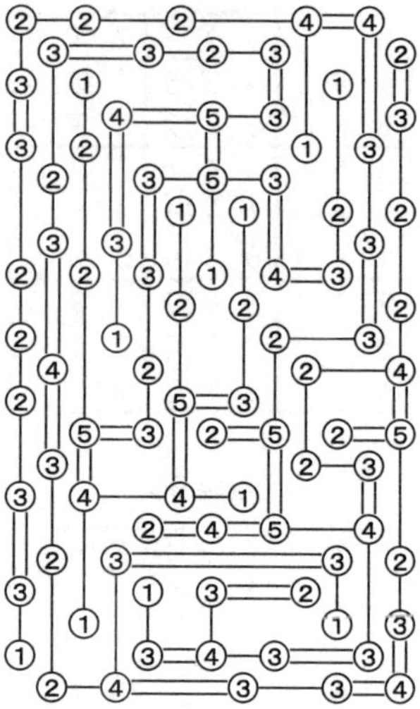

Seite 78

3	8	9	2	6	4	7	5	1
5	7	6	8	3	1	2	9	4
2	1	4	5	9	7	6	3	8
6	3	5	7	4	9	1	8	2
1	2	8	6	5	3	4	7	9
9	4	7	1	8	2	3	6	5
8	5	1	3	2	6	9	4	7
4	6	2	9	7	5	8	1	3
7	9	3	4	1	8	5	2	6

Seite 79

9	3	6	8	1	5	2	7	4
4	1	5	9	7	2	3	8	6
2	8	7	3	4	6	5	9	1
7	5	9	2	8	4	1	6	3
8	6	4	7	3	1	9	2	5
1	2	3	6	5	9	7	4	8
6	7	1	5	2	8	4	3	9
5	9	2	4	6	3	8	1	7
3	4	8	1	9	7	6	5	2

Seite 81

1	5	9	4	6	3	2	7	8
7	3	4	8	2	1	9	5	6
6	8	2	7	9	5	3	4	1
8	6	1	5	3	9	7	2	4
2	9	7	6	4	8	5	1	3
3	4	5	1	7	2	8	6	9
5	1	3	2	8	4	6	9	7
9	2	6	3	1	7	4	8	5
4	7	8	9	5	6	1	3	2

Seite 82

8	3	2	6	9	1	7	4	5
7	4	9	3	8	5	1	2	6
1	6	5	4	7	2	8	3	9
2	7	6	1	3	4	5	9	8
4	9	8	7	5	6	3	1	2
5	1	3	8	2	9	6	7	4
9	2	1	5	6	7	4	8	3
3	5	7	9	4	8	2	6	1
6	8	4	2	1	3	9	5	7

Seite 84

2	6	9	3	7	1	5	4	8
8	4	5	2	6	9	3	7	1
3	1	7	4	5	8	9	2	6
1	2	4	6	9	3	7	8	5
6	5	3	8	4	7	2	1	9
9	7	8	1	2	5	4	6	3
4	9	6	5	1	2	8	3	7
7	8	1	9	3	4	6	5	2
5	3	2	7	8	6	1	9	4

Seite 83

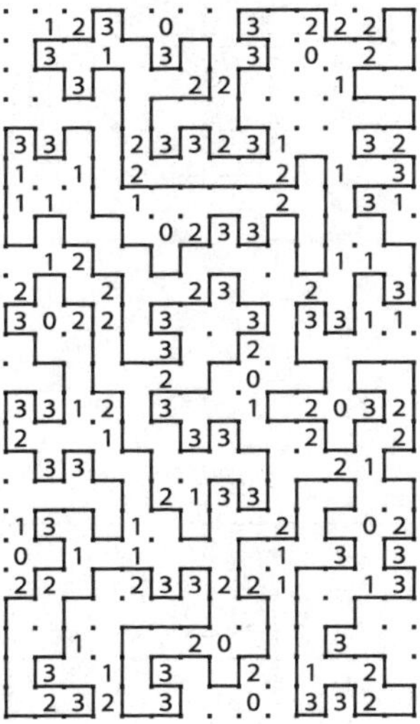

Seite 85

9	7	4	6	1	5	3	2	8
2	6	3	9	8	4	5	7	1
8	5	1	2	3	7	4	6	9
4	2	5	3	6	8	1	9	7
1	9	6	5	7	2	8	3	4
7	3	8	1	4	9	2	5	6
6	8	7	4	5	3	9	1	2
3	1	9	8	2	6	7	4	5
5	4	2	7	9	1	6	8	3

Seite 86

6	3	8	2	1	9	4	5	7
2	5	9	3	4	7	6	8	1
7	4	1	8	6	5	2	9	3
8	1	2	7	9	6	3	4	5
5	6	3	1	8	4	7	2	9
9	7	4	5	2	3	8	1	6
4	8	5	6	7	1	9	3	2
1	2	7	9	3	8	5	6	4
3	9	6	4	5	2	1	7	8

LÖSUNGEN 87–90

Seite 87

7	8	9	5	1	6	3	2	4
4	1	2	8	3	9	6	7	5
5	3	6	4	7	2	9	1	8
3	2	8	9	6	4	7	5	1
6	5	7	1	2	8	4	3	9
1	9	4	3	5	7	2	8	6
8	6	3	2	9	1	5	4	7
2	7	1	6	4	5	8	9	3
9	4	5	7	8	3	1	6	2

Seite 89

4	8	6	7	5	3	1	2	9
3	2	7	9	1	8	4	5	6
5	1	9	6	2	4	7	8	3
6	9	8	1	3	2	5	7	4
1	3	4	5	8	7	9	6	2
2	7	5	4	9	6	8	3	1
9	6	3	8	7	1	2	4	5
8	5	2	3	4	9	6	1	7
7	4	1	2	6	5	3	9	8

Seite 88

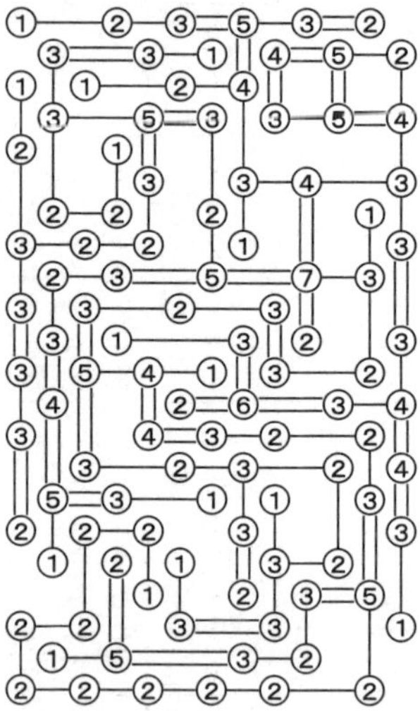

Seite 90

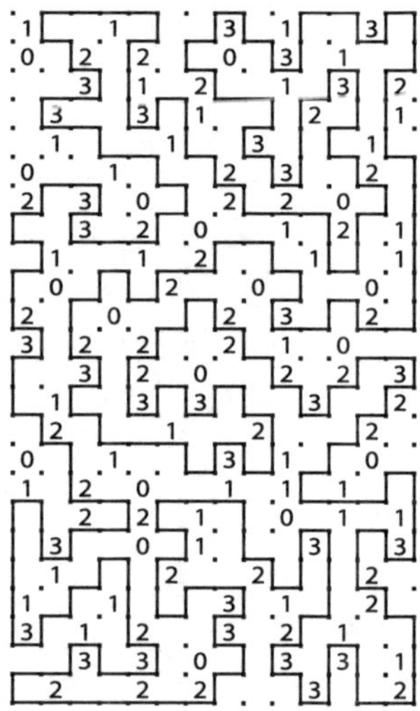

Seite 91

2	1	9	3	5	4	7	6	8
3	4	6	7	8	1	9	2	5
8	5	7	9	2	6	3	4	1
9	7	5	6	3	2	1	8	4
1	2	4	8	9	7	5	3	6
6	3	8	4	1	5	2	9	7
7	9	3	5	4	8	6	1	2
4	6	1	2	7	9	8	5	3
5	8	2	1	6	3	4	7	9

Seite 93

4	9	5	8	1	6	7	3	2
7	8	3	2	4	5	6	1	9
6	2	1	9	7	3	8	4	5
8	1	2	6	3	4	9	5	7
9	3	7	5	8	2	4	6	1
5	6	4	7	9	1	3	2	8
1	7	6	3	5	9	2	8	4
3	4	8	1	2	7	5	9	6
2	5	9	4	6	8	1	7	3

Seite 92

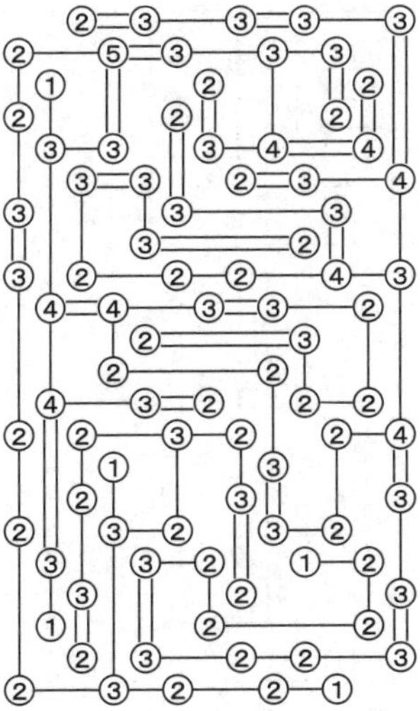

Seite 94

1	8	4	9	6	2	5	7	3
9	5	3	4	7	1	6	8	2
7	2	6	5	8	3	4	9	1
6	9	1	3	5	4	8	2	7
3	4	2	8	9	7	1	5	6
8	7	5	1	2	6	9	3	4
4	1	8	7	3	9	2	6	5
5	6	7	2	4	8	3	1	9
2	3	9	6	1	5	7	4	8

Seite 95

8	9	3	4	2	7	6	5	1
6	1	2	5	9	8	7	3	4
7	4	5	6	3	1	2	9	8
9	5	6	7	8	2	1	4	3
1	2	4	3	5	6	8	7	9
3	8	7	9	1	4	5	6	2
5	7	8	1	4	3	9	2	6
4	6	1	2	7	9	3	8	5
2	3	9	8	6	5	4	1	7

LÖSUNGEN 96–99

Seite 96

3	8	7	1	5	2	4	9	6
6	1	2	4	9	8	5	7	3
9	4	5	6	7	3	1	8	2
2	5	6	7	3	1	8	4	9
1	7	4	8	6	9	3	2	5
8	9	3	2	4	5	6	1	7
5	2	9	3	1	4	7	6	8
4	6	8	5	2	7	9	3	1
7	3	1	9	8	6	2	5	4

Seite 98

3	4	1	2	8	5	6	9	7
8	7	5	6	3	9	4	1	2
9	6	2	1	4	7	5	8	3
6	5	3	7	9	4	8	2	1
1	9	8	5	2	6	7	3	4
7	2	4	3	1	8	9	5	6
5	1	6	8	7	3	2	4	9
2	8	9	4	6	1	3	7	5
4	3	7	9	5	2	1	6	8

Seite 97

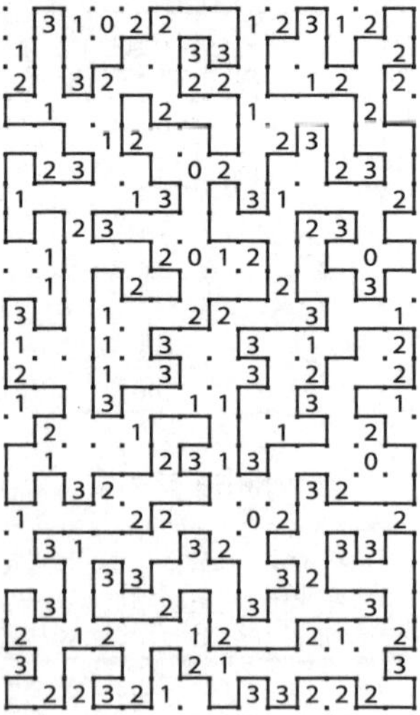

Seite 99

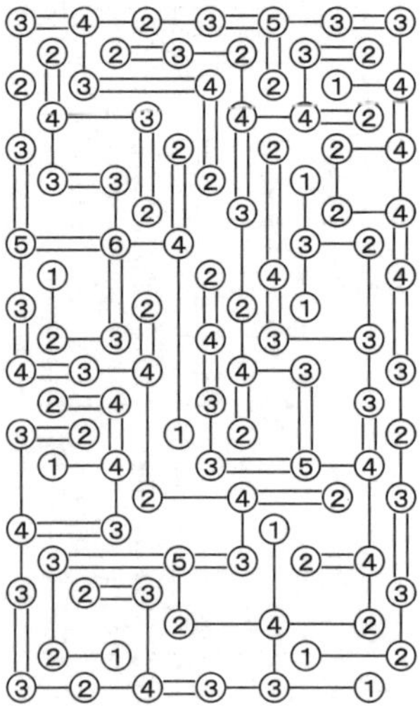

Seite 100

2	7	1	3	5	9	4	6	8
3	5	6	1	8	4	7	9	2
8	9	4	2	6	7	1	5	3
6	4	3	9	2	1	8	7	5
7	8	9	5	3	6	2	1	4
5	1	2	4	7	8	6	3	9
4	6	7	8	9	3	5	2	1
1	3	5	6	4	2	9	8	7
9	2	8	7	1	5	3	4	6

Seite 103

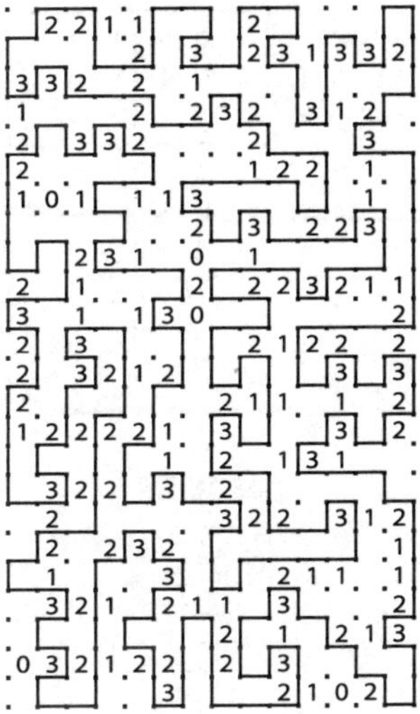

Seite 101

3	7	9	6	4	2	5	8	1
2	4	8	3	1	5	6	9	7
1	5	6	9	8	7	2	4	3
6	2	7	4	3	1	9	5	8
4	1	5	7	9	8	3	6	2
8	9	3	5	2	6	7	1	4
5	8	4	2	6	3	1	7	9
9	6	2	1	7	4	8	3	5
7	3	1	8	5	9	4	2	6

Seite 102

5	2	4	3	7	6	1	8	9
3	6	1	9	8	5	7	2	4
8	9	7	1	2	4	5	6	3
1	8	2	4	3	7	9	5	6
4	3	5	6	9	8	2	1	7
6	7	9	5	1	2	4	3	8
7	1	3	8	5	9	6	4	2
2	4	8	7	6	1	3	9	5
9	5	6	2	4	3	8	7	1

Seite 104

9	8	7	4	5	1	3	2	6
3	5	4	7	6	2	8	9	1
6	1	2	3	8	9	7	4	5
7	2	5	8	1	6	4	3	9
8	4	6	9	3	7	1	5	2
1	3	9	2	4	5	6	8	7
5	6	3	1	9	4	2	7	8
2	9	8	6	7	3	5	1	4
4	7	1	5	2	8	9	6	3

LÖSUNGEN 105–109

Seite 105

1	9	3	7	2	8	5	4	6
7	6	8	3	5	4	1	9	2
2	4	5	1	9	6	8	3	7
4	3	7	5	8	9	2	6	1
5	1	6	2	4	3	7	8	9
8	2	9	6	7	1	3	5	4
3	5	1	9	6	7	4	2	8
9	7	4	8	3	2	6	1	5
6	8	2	4	1	5	9	7	3

Seite 106

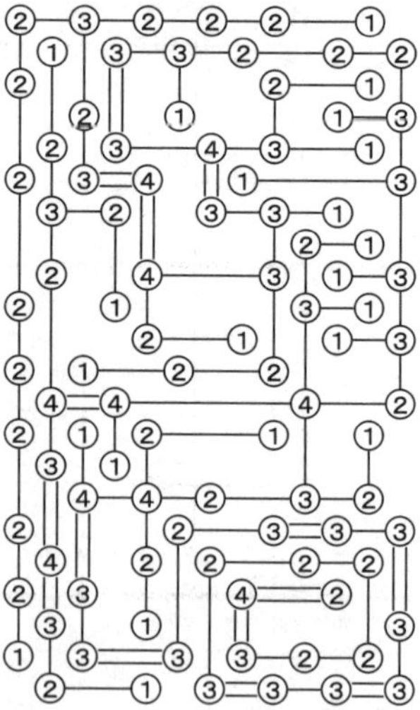

Seite 107

8	2	9	7	1	6	4	5	3
6	1	4	8	3	5	9	7	2
7	5	3	9	4	2	6	8	1
5	4	6	1	8	7	3	2	9
9	8	1	6	2	3	5	4	7
3	7	2	5	9	4	8	1	6
2	6	7	4	5	9	1	3	8
4	3	8	2	6	1	7	9	5
1	9	5	3	7	8	2	6	4

Seite 108

2	9	6	4	1	5	7	3	8
1	3	5	8	9	7	4	2	6
8	4	7	2	3	6	9	1	5
9	7	2	6	8	3	5	4	1
5	1	3	9	2	4	6	8	7
6	8	4	7	5	1	2	9	3
7	6	1	3	4	9	8	5	2
3	2	9	5	7	8	1	6	4
4	5	8	1	6	2	3	7	9

Seite 109

5	1	8	9	2	3	6	7	4
4	6	9	7	1	8	3	2	5
2	7	3	4	5	6	1	8	9
9	3	4	1	6	2	7	5	8
7	2	5	3	8	4	9	1	6
1	8	6	5	7	9	2	4	3
3	9	1	2	4	5	8	6	7
8	4	7	6	9	1	5	3	2
6	5	2	8	3	7	4	9	1

NOTIZEN Sudoku

NOTIZEN Sudoku
